L.n 27/17878.

DISCOURS

PRONONCÉ

A LA CONFIRMATION

D'AUGUSTE ROTHFUS,

PAR

L. LEBLOIS,

PASTEUR.

(11 JANVIER 1855.)

STRASBOURG,

IMPRIMERIE DE FRÉDÉRIC-CHARLES HEITZ.

1855.

Au Dieu vivant et vrai qui appelle ses enfants à la vie pour les abreuver de joie et de félicité, soient honneur, louange et gloire aux siècles des siècles. Amen.

Amis chrétiens,

Nous sommes assemblés pour recevoir d'une manière solennelle dans le sein de l'Église de Dieu fondée par Jésus-Christ, et pour autoriser, en outre, à participer à la sainte cène le jeune homme ici présent, qui vient prendre devant Dieu et devant vous l'engagement sacré de renoncer au péché, de purifier son cœur et d'entrer dans le chemin de la vérité et de la vie où Jésus-Christ a marché avant nous, nous laissant un exemple afin que nous suivions ses traces.

Cette action est d'une haute importance. Apportons-y toute l'attention dont elle est digne et, tout d'abord, unissons nos cœurs dans une prière à Dieu, notre Père commun et parlons-lui en ces termes :

Dieu, notre Père, tu as appelé tous tes enfants à la vie terrestre pour les recevoir dans ton royaume éternel, s'ils se convertissent sincèrement et s'ils s'attachent à Jésus-Christ ton envoyé, qui nous offre de ta part la lumière et la vérité. Tu réserves cette même grâce à ce jeune homme qui veut aujourd'hui te donner son cœur, faire alliance avec toi, te consacrer son existence tout entière et ne plus vivre désormais selon sa volonté mais selon la tienne, afin que tes pensées soient ses pensées, et que toute sa manière d'être et d'agir soit conforme à tes saints commandements.

Il demande à être reçu au nombre de tes enfants et s'engage à t'aimer par-dessus toutes choses, et ses semblables comme lui-même. Agrée ô notre Père les vœux et les promesses de son cœur. Accorde-lui les secours dont il a besoin pour remplir les engagements qu'il va contracter en ta sainte présence et daigne le fortifier par l'onction de ton esprit de vie et de sainteté, afin qu'il puisse avancer d'un pas ferme dans la voie où Jésus-Christ veut le conduire. Oui, Dieu tout bon, jette sur lui un regard de miséricorde et d'amour, et sanctifie son corps et son âme pour en faire ta propriété dès maintenant et à jamais. Amen.

Cher ami,

Jamais néophyte n'a promis son cœur à Dieu dans des circonstances aussi solennelles que celles où vous vous trouvez. Sur le point de partir pour la capitale qui, selon les dispositions avec lesquelles on y arrive, est un centre de lumières ou un foyer de corruption, une arène où les qualités du cœur peuvent se développer, l'âme acquérir de la trempe et le caractère de l'énergie, ou bien un cloaque impur où règnent le vice et la volupté pour envelopper de leurs filets quiconque est trop faible pour leur résister ; en présence d'un père dont toutes les affections sont réunies sur votre tête, dont le plus vif désir a été de faire de vous un véritable disciple de Christ, un homme dans le sens le plus élevé de ce terme, et qui se demande en ce moment même : «S'efforcera-t-il de remplir les promesses qu'il va faire et marchera-t-il sur les traces de Jésus-Christ?» en présence d'une mère, depuis si longtemps cruellement éprouvée et qui écoute maintenant avec une sollicitude indéfinissable les paroles qui vous sont adressées et la réponse que vous y ferez, qui prie dans le secret de son cœur pour son unique enfant, et demande à Dieu de faire de lui un bon fils, un chrétien estimable, un citoyen utile et honoré ; en présence enfin du Dieu vivant que vous avez appris à connaître, qui remplit ce lieu de la majesté de sa présence et vous enveloppe vous-même de sa lumière éternelle, et qui vous demandera compte un jour du zèle avec lequel vous aurez rempli les engagements que vous allez prendre — que faudrait-il de plus pour faire de cette heure la plus solennelle et la plus imposante de votre vie, et pour verser dans votre âme le recueillement et les grandes pensées que vous devez nourrir ?

Vous demandez à être admis dans l'Église de Jésus-Christ. Il n'y a point pour l'homme de demande qui surpasse celle-là en grandeur, et en ma qualité de ministre de Jésus-Christ, il est juste que je vous fasse connaître ce que veut dire être membre de l'Église de Christ, afin que vous n'ayez pas un jour à me reprocher de vous avoir laissé dans l'ignorance sur cette importante question, et de vous avoir ouvert les portes du royaume de Dieu sans vous dire ce que vous devez être pour y entrer dignement.

Ces instructions sont d'autant plus nécessaires que nous vivons dans un siècle où le pur Évangile est tellement corrompu par les traditions humaines, que si Jésus-Christ revenait dans l'Église qui porte aujourd'hui son nom, il serait stupéfait d'entendre quelles doctrines sont enseignées comme doctrines *chrétiennes*, et crues sans aucun examen par ceux qui s'appellent ses disciples. Crues sans examen, dis-je, et c'est par là précisément qu'on se montre adversaire de Christ et ennemi de toute vérité. Car n'est-ce point parce que les Juifs, contemporains du Seigneur, ont cru sans examen ce que les pharisiens leur enseignaient, qu'ils se sont opposés à Jésus-Christ et l'ont crucifié?

Pour savoir ce que c'est qu'être *Chrétien*, il ne faut point s'arrêter aux croyances et aux pratiques qu'on déclare aujourd'hui indispensables à tout homme qui veut porter ce beau nom. L'histoire de l'Église (que tout Chrétien doit désirer connaître et que je vous engage vous-même à étudier plus à fond dans les heures de loisir que vous trouverez), nous montre par quelles phases diverses l'Évangile a passé depuis qu'il est sorti de la bouche du Seigneur; comment de pur et de limpide qu'il était alors, il a coulé depuis par des terrains fangeux où il a été souillé, et n'est arrivé jusqu'à nous que chargé de ces impuretés qui lui sont étrangères et qui le défigurent complètement. Ce qui n'était dans l'origine qu'une petite source est devenu aujourd'hui un large fleuve, mais un fleuve si chargé d'éléments hétérogènes qu'il nous est impossible de discerner la couleur et la nature primitives de ses eaux. Vous dire maintenant : «Baissez-vous et buvez cette eau telle quelle,» en d'autres termes, «croyez, sans hésiter, tout ce qu'on vous enseigne aujourd'hui comme doctrine de l'Évangile et comme religion chrétienne,» ce serait vous tromper indignement, et Dieu me garde de tromper qui que ce soit ! — Pour savoir ce que c'est que le Christianisme et ce que veut dire être disciple de Christ, il ne faut s'arrêter à aucune des formes particulières et incomplètes ou erronées que la religion de Jésus a prises dans la suite des siècles ; il faut remonter jusqu'à l'origine. Il ne faut pas même s'arrêter aux apôtres, car les apôtres ne sont pas aussi grands que le Maître et n'ont pas toujours compris toute la profondeur de ses divines paroles. Il faut aller jusqu'à Jésus-Christ lui-même, le regarder face à face et l'écouter sans intermédiaire.

Or que demande Jésus ? Que fait-il ? Que veut-il ? Et d'abord quelle est l'impression que produit sur vous sa personne ? En approchant de Jésus, vous voyez un être qui, par l'extérieur, est semblable à nous et qui ne s'élève point à un degré supérieur à celui des plus humbles mortels. Mais quand, au lieu de vous arrêter à l'enveloppe extérieure, vous pénétrez dans le sanctuaire de son intérieur, quel monde s'ouvre à vos yeux ! Quelles régions inconnues se dévoilent devant vous ! Quels trésors, quelle lumière, quelles splendeurs éclatent sous vos regards étonnés !

Vous vous figurez sans peine ce qu'éprouverait un homme élevé dans un obscur souterrain des montagnes de la Suède ; privé depuis sa naissance de la lumière du soleil, d'un air pur et d'une nourriture saine — et qui est transporté soudain, par un beau jour de printemps, dans les fertiles campagnes de l'Italie. Végétation luxuriante, fleurs magnifiques, fruits délicieux, ciel d'azur, soleil éclatant, tout le ravit et l'enchante et le jette dans des transports inexprimables.

Tel est l'effet que produit sur nous le vrai Jésus comparé à celui des fausses doctrines que professe notre siècle. Vous écoutez *ses paroles* et il vous semble entendre une divine symphonie. Elles coulent de ses lèvres douces et puissantes à la fois comme les rayons du soleil pour dissiper les ténèbres de l'esprit et pour réchauffer le cœur. Elles pénètrent jusqu'au fond des entrailles pour nous saisir et nous captiver. A l'harmonie de leurs sons, les douleurs les plus cuisantes sont calmées et la puissance mystérieuse qu'elles exercent fait disparaître toute souillure et toute impureté comme les eaux d'un fleuve lavent un marbre chargé de fange.

Vous contemplez *la vie pratique* de Jésus et vous voyez des actions comme aucun homme n'en a accomplies, vous voyez une sainteté jusqu'alors inconnue sur la terre, une charité qui embrasse toutes les créatures sans distinction de rang de naissance et de culte. Il verse ses bienfaits sur le pauvre comme sur le riche, sur l'esclave comme sur le maître, sur le samaritain hérétique et sur le païen damné, comme sur le juif qui se dit seul orthodoxe et qui regarde avec mépris tous les peuples de l'univers.

Plus vous approchez de Jésus, plus il grandit à vos yeux et s'élève au-dessus de tout ce que le monde a jamais produit. Parcourez le globe, appelez au sein de toutes les nations les intelligences les plus sublimes, les plus nobles caractères; les génies les plus élevés, rangez les autour de Jésus et il n'en est pas un qui lui ressemble seulement de loin.

Et cependant ce même Jésus invite tous les hommes à devenir ce qu'il est lui-même. «Le moindre de mes disciples,» dit-il, «doit être plus grand que le plus grand des prophètes.» — «Il viendra un temps où ceux qui marcheront sur mes traces feront de plus grandes œuvres que moi.» — «Devenez tous parfaits comme votre Père céleste est parfait.»

Qu'avons-nous à faire pour arriver à cette perfection sublime à laquelle il nous convie et dont il a donné le spectacle au monde? «Aimez Dieu,» dit-il, «de tout votre cœur, de toute votre âme et de toute votre pensée, et aimez votre prochain comme vous-même!» Et ces deux commandements qu'il appelle semblables entre eux il les résume dans cette parole qui renferme, dit-il, la loi et les prophètes : «Faites aux autres ce que vous voudriez qu'ils vous fissent.»

Comment accomplir ce commandement dont le sens est aussi profond que l'expression en est simple? De la même manière que Jésus-Christ. Il ne l'a point accompli par lui-même mais par Dieu auquel il a ouvert son cœur pour lui soumettre sa propre volonté et se laisser diriger par lui, de telle sorte que les pensées de Dieu ont été ses pensées, les paroles de Dieu ses paroles, et les œuvres de Dieu, ses œuvres.

Nous de même, ce que nous ne pourrions faire par nous

seuls, nous le pouvons par le même Dieu qui était en Jésus et qui vit éternellement pour habiter en tout homme comme il a demeuré en Jésus. Mais pour nous rendre dignes d'être les temples de Dieu, il faut avant tout remplir une condition première que Jésus-Christ nous fait connaître. »Convertissez-vous,« dit-il, »le règne de Dieu est proche.« — »Bienheureux ceux qui ont le cœur pur, car ils verront Dieu.«

Heureux celui qui purifie son cœur et qui sanctifie tout ce qui est en lui, car il verra Dieu, il sentira sa présence et il entendra sa voix éternelle lui parler par la conscience et par la raison!

Qu'est-ce donc qu'un *Chrétien?* Vous répondriez sans hésiter vous-même : C'est l'homme qui est rentré en lui-même pour bannir toute souillure de son cœur et faire divorce avec toute impureté, tout égoïsme, tout péché, afin de vivre comme Jésus-Christ en Dieu et pour Dieu. C'est l'homme qui a ouvert un cœur pur au Dieu vivant, qui a été pénétré de sa force et baptisé de la puissance de son esprit. C'est l'homme qui marche dans la justice, dans la droiture, dans la charité, dans tous les actes duquel on voit luire la lumière divine, et qui vit au milieu d'un monde corrompu sans se corrompre lui-même, comme le sel qui ôte la fadeur des aliments auxquels on le mêle, comme la chandelle allumée qui dissipe les ténèbres d'un appartement. Quelle que soit la carrière qu'il embrasse, il met toujours la justice et la vérité au-dessus de l'erreur et de l'intérêt personnel. Il aurait horreur d'acquérir une fortune par des voies illicites car il sait que le pain de l'injustice est amer à manger et brûle les entrailles comme un feu dévorant.

Maintenant la grande question : Que faut-il faire pour devenir Chrétien? se présente sous son véritable jour. Il ne s'agit plus de croyances, de dogmes, de pratiques. Il s'agit ou de marcher dans les voies de Dieu ou de se livrer au péché; de vivre avec la pensée de la présence incessante de Dieu auprès de nous et en nous et d'accomplir ce qu'il nous prescrit par la conscience et la raison, ou de ne point nous soucier ni de sa présence ni de sa volonté sainte et d'agir contrairement à ses lois éternelles; de nous purifier sans relâche pour entendre plus clairement les ordres et les conseils qu'il nous adresse, ou d'écouter sans rougir les penchants de la chair et de suivre nos passions coupables. Il s'agit en un mot de marcher sur les traces de Jésus, d'être comme lui pur et saint, d'aimer comme lui la justice et la vérité et de tout sacrifier au triomphe du règne de Dieu, ou de vivre de la vie de la brute, sans pensées élevées, sans élans vers Dieu, sans amour pour la justice et la vérité, dans le matérialisme et dans la satisfaction de notre orgueil, de notre vanité et de notre intérêt personnel.

Choisir la première voie, c'est être Chrétien; choisir la seconde, c'est être ennemi de Christ. A vous de choisir.

Je ne sais si je m'abuse, mais je suis convaincu qu'il y a en vous une voix secrète qui vous parle et vous dit en ce moment même : «Choisis le premier chemin : c'est le meilleur et le seul qui puisse conduire à une joie pure, à une félicité sans trouble et sans fin.» O écoutez cette voix et que la réponse que vous allez faire à cette grande question. «Voulez-vous être un digne disciple de Christ?« ne soit pas une vaine parole qui ne vienne que des lèvres, mais une déclaration fervente qui sorte du plus profond de votre cœur.

Écoutez cette voix, non seulement en cette heure solennelle mais quand vous serez loin de cette maison et du regard de votre père, jeté dans le tourbillon du monde et de ses séductions. Alors surtout écoutez-la et vous apprendrez chaque jour davantage par votre propre expérience et par les joies pures que vous goûterez, ce que c'est que la Religion de Christ; vous la sentirez avec vous comme une mère tendre qui remplit à la fois les fonctions de *guide* et de *nourrice* — de *guide* pour vous faire éviter les écueils, les précipices et les chûtes douloureuses dans le chemin de la vie; de *nourrice* pour vous abreuver de vérité qui vient de Dieu, de lumière éternelle, de joies indicibles, et pour vous faire garder sans cesse le ciel dans le cœur. Et c'est ainsi que votre existence tout entière sera une vie agréable à votre Dieu dont vous ne serez jamais éloigné, dont vous vous rapprocherez au contraire à mesure que vous avancerez vers le tombeau, de telle sorte que lorsque votre heure suprême sonnera, vous entendrez avec calme et avec joie ce son, lugubre pour l'oreille du pécheur mais doux pour celui qui aime Dieu, et vous chanterez en quittant la vie :

J'élève vers mon Dieu mes regards et j'espère
Que mon dernier moment assurera mon sort
Et que je tomberai dans les bras de mon Père
En tombant dans ceux de la mort.

Amen.

Jeune ami,

Je vais vous rappeler maintenant à quoi s'engagent ceux qui veulent entrer dans l'Église chrétienne pour vous donner occasion de ratifier et de confirmer vous-même le vœu solennel qui a été fait en votre nom lors de votre baptême.

Vous qui souhaitez d'être admis dans le sein de l'Église de Dieu, fondée par Jésus-Christ, reconnaissez-vous et confessez-vous devant ce grand Dieu que l'amour désordonné de vous-même et l'insouciance de vous occuper des hautes vérités du salut, vous ont souvent porté au péché et vous ont éloigné de Dieu, pour vous jeter dans la voie large qui mène à la perdition? Reconnaissez-vous aussi et proclamez-vous avec gratitude et avec joie que, loin de vous abandonner au sort terrible que le péché vous eût préparé, votre Père céleste, dans son amour pour vous, vous a souvent et instamment pressé de venir à lui et que si maintenant vous êtes désireux de vous convertir et de renoncer au péché c'est par un effet de la grâce infinie de Dieu?

Ce désir de la conversion intérieure est-il sincère en vous? Reconnaissez-vous que sans ce changement du cœur, vous ne pouvez jamais mériter le titre de chrétien, d'enfant de Dieu? Êtes-vous pleinement persuadé que ni vos connaissances, ni vos croyances, ni les pratiques extérieures d'un culte quelconque ne peuvent remplacer cet acte indispensable *de la Conversion* qui est la première condition du salut?

Promettez-vous en conséquence de renoncer dès maintenant au péché, de refuser vos hommages à toutes les fausses divinités sous le joug desquelles nous sommes toujours disposés à fléchir, telles que l'orgueil, la paresse, la légèreté, les convoitises charnelles et tous les autres penchants coupables du cœur? Promettez-vous de vous attacher à *Dieu seul* qui est partout présent et qui remplit l'univers, de l'adorer en esprit et en vérité et de l'aimer de tout votre cœur, de toute votre âme et de toute votre pensée?.

Comme cet amour de Dieu et l'amour de tous nos semblables qui en est une conséquence nécessaire, ne peuvent naître en nous que si nous ouvrons nos cœurs à Dieu, si nous recevons l'Esprit de Dieu qui s'est manifesté en Jésus-Christ dans toute sa plénitude, promettez-vous d'imiter Jésus-Christ, de vous animer comme lui de cet esprit de pureté, de fidélité, de dévouement, de charité universelle que Dieu veut accorder sans mesure à tous ses enfants, et de vous consacrer sans relâche au bien de vos semblables, non seulement de vos parents et de votre famille, mais de tous les hommes, sans aucune distinction de croyance ni de culte?

Pour affermir toujours plus votre zèle et votre piété chrétienne promettez-vous de vous retracer sans cesse l'image de Jésus-Christ, de vous appliquer journellement à *veiller* et à *prier*, — à *veiller* sur vous-même, sur vos pensées, sur vos paroles et sur vos actions, afin de découvrir et de réprimer en vous tous les mouvements contraires à la volonté de Dieu, toutes les tendances qui vous éloigneraient du modèle parfait et divin que Jésus-Christ nous a laissé; — à *prier* Dieu de rester toujours avec vous et en vous, d'éclairer votre conscience et votre raison, de renouveler en vous chaque jour son Esprit, de vous fortifier dans les épreuves, de vous préserver des tentations et de vous guider fidèlement dans la voie étroite du salut? Promettez-vous aussi de mettre en œuvre tous les moyens que la Providence de Dieu vous fournit pour avancer votre conversion et votre sanctification, tels que l'étude de vous-même et de votre cœur, la lecture et la méditation de bons livres et surtout des paroles de Jésus-Christ ; enfin, la fréquentation des assemblées d'édification religieuse et la participation à la cène du Seigneur?

Réponse. Oui, je le promets et je prie Dieu de me donner la force d'accomplir cette promesse.

Cher ami, après cette déclaration et cette promesse formelle par laquelle vous avez scellé et confirmé vous-même votre alliance avec le Dieu de Jésus-Christ, je vous admets en présence de ce Dieu tout-puissant et tout-bon et de cette assemblée chrétienne, dans le sein de l'Église de Christ, et vous autorise à participer dorénavant avec tous les fidèles à la cène du Seigneur. Rendez-vous digne par la pureté de votre vie de l'amour infini que Dieu vous témoigne, et Toi, ô notre Père, daigne renouveler et augmenter en lui le don de ton Esprit pour le fortifier dans la foi, dans l'espérance et dans la charité, pour le faire progresser dans la sanctification et le conduire avec tous les membres de ta sainte Église à la vie éternelle et bienheureuse. Amen.

Élevons encore une fois nos cœurs à Dieu et prions-le en disant : Seigneur, notre Dieu, nous nous prosternons devant toi avec une confiance pleine et entière, pour te prier d'accepter et de garder ce cœur qui s'est donné à toi et qui veut se consacrer à ton service. Comme le laboureur qui a semé la bonne semence peut veiller ou dormir, sans qu'elle cesse de croitre et de se développer sous l'influence vivifiante du soleil et de la rosée, permets de même que les parents de ce jeune chrétien, au moment de voir sortir dans le monde leur fils unique dans l'âme duquel ils se sont efforcés de semer la divine semence de la vérité, puissent se séparer de lui sans inquiétude et se dire : Le Dieu vivant accompagne notre enfant et veille sur son cœur. Lui seul est puissant pour le détourner des séductions et pour le préserver de toute chûte. C'est à lui que nous voulons le confier ; c'est entre ses mains paternelles que nous déposons le soin de le conduire sans cesse sur les traces de Jésus-Christ.

Oui Seigneur, donne leur ces sentiments et la résignation qui en découle, et bénis leur fils, afin qu'il n'oublie jamais ses engagements et ses promesses solennelles. Ravive chaque jour en lui la lumière céleste qui seule peut l'éclairer dans le droit chemin, et qu'il devienne ainsi, par un effet de ta grâce, la consolation de ses parents, la joie de sa famille et un digne membre de ton Église et de l'humanité. Amen.

www.ingramcontent.com/pod-product-compliance
Lightning Source LLC
Chambersburg PA
CBHW071447060426
42450CB00009BA/2327